# INTRODUCCIÓN:

Las afirmaciones basadas en la fe son declaraciones positivas que nos ayudan a pensar amablemente de nosotros mismos y de los demás, a permanecer cerca de Jesús y recordar que Dios nos ama. Repite las afirmaciones mientras lees este libro para traer buenos pensamientos a tu mente y hacer que los pensamientos negativos desaparezcan.

*Soy un hijo precioso de Dios*
*Devocionales pequeños con afirmaciones basadas en la fe*
Un libro de *Jesús me ama*

Copyright © 2024 Berry Patch Press, LLC

Escrito por Misty Black
Ilustrado por Gabby Correia
Traducido por Natalia Sepúlveda

Library of Congress Control Number: 2024930962
(Número de control de la Biblioteca del Congreso)

ISBN Tapa rústica: 978-1-958946-08-4
ISBN Tapa dura: 978-1-958946-09-1

Primera Edición 2024
Berry Patch Press, LLC. Clearfield, Utah.

www.MistyBlackAuthor.com

Les dedico este libro a mis tres hijos,
queienes son todo para mí.

—Mamá

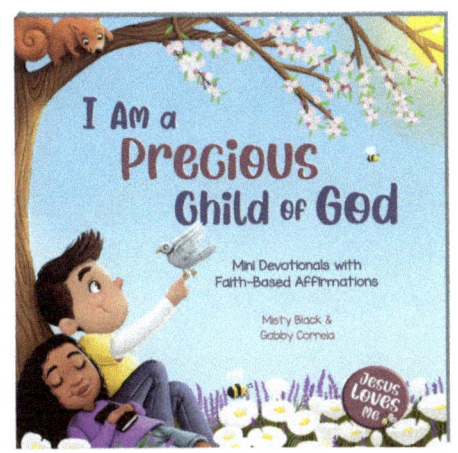

Traducido de la versión en inglés:

## I AM A PRECIOUS CHILD OF GOD, JESUS LOVES ME SERIES

Libro premiado de Reader's Favorite
por su historia y sus ilustraciones.

Dios es nuestro amoroso Padre Celestial.
Eres su hijo precioso.
Él te creó para un propósito especial.

Para recordarte quién eres, di:
"Soy un **hijo de Dios**".
"Soy importante".

Génesis 1:26–27, 1 Juan 3:1–3, 2 Corintios 6:18, Lucas 18:16

Dios nos ama y quiere que estemos con Él
para siempre. Así que envió a Su Hijo, Jesús, para
vivir y morir por nosotros para salvarnos del pecado.
Por esa razón lo llamamos nuestro Salvador.

Para recordarte que Dios tiene un plan para ti, di:
"Jesús es mi **Salvador** y mi amigo".
"Dios está preparando un lugar
especial en el cielo para mí".

1 Juan 4:9-10, Juan 3:16, Juan 11:25, Juan 14:2-6, Juan 15:13-15, Isaías 12:2

Dios te permite tomar decisiones.
Él quiere que hagas cosas que te
acerquen a Él, pero Él nunca te obligará
a elegir lo que es bueno y correcto.

Jesús es el ejemplo perfecto de
cómo tomar buenas decisiones.

Para ayudarte a tomar buenas decisiones, di:

"Puedo **seguir a Jesús**".

"Puedo hacer lo correcto".

Job 34:4, Josué 24:15, Mateo 25:40

Jesús pagó el precio por nuestros pecados.
Cuando pides perdón después de haber cometido
un error, le demuestras a Dios que lo amas
y que quieres estar cerca de Él.

No importa lo que hagas, Dios siempre te amará.

Para ayudarte a aprender de tus errores, di:

"Puedo decir 'lo siento' e intentarlo de nuevo".

"Dios me ama, incluso cuando me equivoco".

"Puedo **perdonarme a mí mismo**

y a los demás."

Juan 3:17, Santiago 5:16, Efesios 4:32

Jesús nos pide que amemos a Dios con todo nuestro corazón. Una manera de mostrar tu amor a Dios es sirviendo a tu familia, amigos y vecinos.

El tratar a los demás con amor, de la manera que quisieras ser tratado, les ayuda a sentir el amor de Dios.

Para ayudarte a compartir el amor de Dios, di:

"Yo **amo** a Dios, y Él me ama a mí".

"Puedo ser amable con los demás".

Mateo 22:36-40, Lucas 6:31, Juan 13:34-35, Mateo 25:40

La vida no siempre será fácil.
Pero recuerda, Dios se preocupa por ti y
te fortalecerá. Él quiere que confíes en Él y
edificar tu relación con Él.

También puedes ayudar a otros que están sufriendo.

Para ayudarte a confiar en Dios, di:

"No estoy solo. Dios me ayudará".

"Puedo CONSOLAR a los demás".

1 Pedro 5:10, Santiago 1:2, Filipenses 4:13, Isaías 41:13

Dios te dio talentos especiales para ayudarte
a difundir el bien y compartir Su gloria.

Para recordarte tu propósito, di:

"Puedo difundir la bondad de Dios".

"Puedo usar mis **talentos** para

bendecir a otros".

Mateo 5:16, 1
Pedro 4:10,
Gálatas 5:13

Dios te dio el don de la oración para que puedas hablar con Él en cualquier momento. Puedes orar cuando estés feliz o triste, dondequiera que estés. Como un buen amigo, Él quiere saber de ti.

Puedes confiar en que Èl siempre hará lo que es mejor para ti.

Para recordarte que Dios está cerca, di:

"Puedo hablar con mi Padre Celestial".

"Dios me conoce y escucha mis **oraciones**".

I Juan 5:14-15, Filipenses 4:5-7, Proverbios 3:5-6

Dios nos creó con diferentes personalidades,
habilidades y rasgos. Estás maravillosamente creado.
Él quiere que seas amable con todos,
incluso a los que son diferentes a ti.

Dios valora y ama a cada uno de nosotros.

Para recordarte de tu valor, di:

"Soy **valioso** para Dios".

"Dios ama quien soy".

Salmo 139:13-14, 1 Samuel 16:7, 2 Corintios 12:9, Mateo 6:26-30

Dios quiere que encuentres gozo
mientras vives en este hermoso mundo que
Él creó para ti. Se siente feliz cuando nos esforzamos
por cuidar la Tierra y los animales.

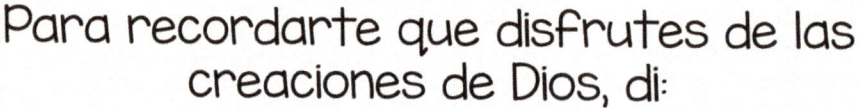

Para recordarte que disfrutes de las
creaciones de Dios, di:

"Puedo sentir **alegría** cuando hago cosas buenas".

"Puedo cuidar de la Tierra".

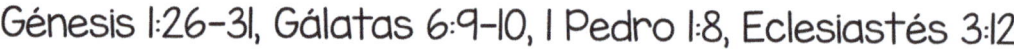

Génesis 1:26-31, Gálatas 6:9-10, 1 Pedro 1:8, Eclesiastés 3:12

Dios no te ha dejado solo.
Cuando estás herido o confundido,
Él te enviará ayuda.
El Espíritu Santo te consolará y te guiará
llenando tu corazón con amor, paz y gozo.

Para recordarte que hay esperanza, di:

"Puedo sentirme consolado por el Espíritu Santo".

 "Puedo sentir **paz** y gozo".

Juan 14:26, Romanos 15:13, Mateo 5:4, Gálatas 5:22-23

# ¡Así se hace!

Hiciste un gran trabajo hablando
amablemente contigo mismo.

Sigue practicando tus afirmaciones
diariamente. El hacer esto te ayudará
a elevarte a ti y a los demás,
y a estar más cerca de Dios.

# www.MistyBlackAuthor.com

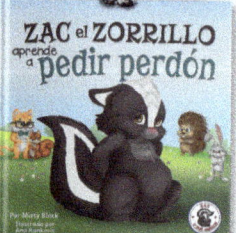
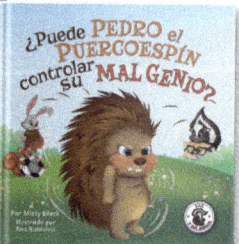

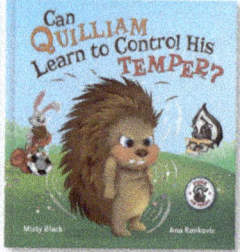

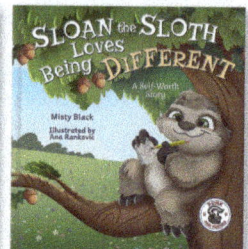

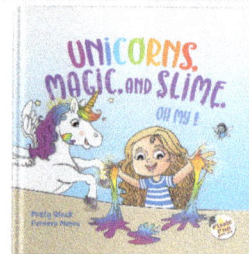
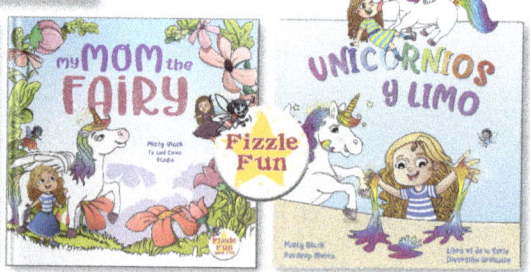
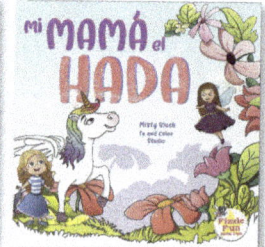

# De parte de la autora:

Este libro contiene verdades del evangelio que todo hijo de Dios puede disfrutar. Si algo no te ha hablado al corazón, te invito a orar y a encontrar las verdades por ti mismo.

Ruego que mientras lees el libro, repitas las afirmaciones y las estudies.

Al leer las escrituras, comprenderás mejor quién eres, un hijo precioso de Dios, y sentirás el perfecto amor que Jesús tiene por ti.

Te invito a seguirlo.

Ha sido un placer para mí recopilar mis conocimientos, pensamientos y sentimientos en estos devocionales pequeños del evangelio de manera en que un niño pueda entender. Es un honor compartirlos con ustedes.

*—Misty Black*

Pídele a un adulto que te ayude a cortar las nubes de palabras en la siguiente página. Cuélgalas alrededor de tu habitación y tu espejo para recordarte que debes practicar la conversación positiva diaria.

Para recibir promociones, visiten a www.MistyBlackAuthor.com

Soy un hijo de Dios.

Soy amado por Jesús.

Siento alegría cuando hago cosas buenas.

Tengo talentos dados por Dios.

Jesús siempre está ahí para mí.